essentials

essentials liefern aktuelles Wissen in konzentrierter Form. Die Essenz dessen, worauf es als „State-of-the-Art" in der gegenwärtigen Fachdiskussion oder in der Praxis ankommt. *essentials* informieren schnell, unkompliziert und verständlich

- als Einführung in ein aktuelles Thema aus Ihrem Fachgebiet
- als Einstieg in ein für Sie noch unbekanntes Themenfeld
- als Einblick, um zum Thema mitreden zu können

Die Bücher in elektronischer und gedruckter Form bringen das Expertenwissen von Springer-Fachautoren kompakt zur Darstellung. Sie sind besonders für die Nutzung als eBook auf Tablet-PCs, eBook-Readern und Smartphones geeignet. *essentials:* Wissensbausteine aus den Wirtschafts-, Sozial- und Geisteswissenschaften, aus Technik und Naturwissenschaften sowie aus Medizin, Psychologie und Gesundheitsberufen. Von renommierten Autoren aller Springer-Verlagsmarken.

Weitere Bände in dieser Reihe http://www.springer.com/series/13088

Eberhard von Einem

Wohnungen für Flüchtlinge

Aktuelle sozial- und integrations-politische Herausforderungen in Deutschland

Springer VS

Eberhard von Einem
TU-Berlin
Berlin, Deutschland

ISSN 2197-6708   ISSN 2197-6716   (electronic)
essentials
ISBN 978-3-658-17859-8   ISBN 978-3-658-17860-4   (eBook)
DOI 10.1007/978-3-658-17860-4

Die Deutsche Nationalbibliothek verzeichnet diese Publikation in der Deutschen Nationalbibliografie; detaillierte bibliografische Daten sind im Internet über http://dnb.d-nb.de abrufbar.

Springer VS
© Springer Fachmedien Wiesbaden GmbH 2017

Gedruckt auf säurefreiem und chlorfrei gebleichtem Papier

Springer VS ist Teil von Springer Nature
Die eingetragene Gesellschaft ist Springer Fachmedien Wiesbaden GmbH
Die Anschrift der Gesellschaft ist: Abraham-Lincoln-Str. 46, 65189 Wiesbaden, Germany

Was Sie in diesem *essential* finden können

- Es wird verbreiteten Vorurteilen, wie etwa, dass die aktuelle Fluchtbewegung Überforderung, Fremdenfeindlichkeit und Staatsversagen hervorrufen würde, entgegengetreten.
- Es wird beabsichtigt, die Flüchtlingsdebatte zu fundieren, ohne einfachen Rezepten zu vertrauen.
- Der Fokus liegt auf den wohnungspolitischen Herausforderungen. Notunterkünfte sind keine Dauerlösung.

Inhaltsverzeichnis

Angekommen

1

Einem hessischen Dorf wurden im Oktober 2015 drei Flüchtlingsfamilien aus Afghanistan zugeteilt, die das zuständige Landratsamt zunächst in ein seit Jahren leer stehendes Haus notdürftig einwies. Die Großfamilie, bestehend aus zwei Schwestern mit ihren Ehemännern und einem Bruder mit dessen Frau und zusammen 7 Kindern im Alter von 10–18 Jahren drängten sich in 3 Zimmern auf 80 m^2, glücklich, denn erstmals hatten sie einen Ort für sich gefunden, in dem sie sich sicher fühlen durften.

Sie konnten weder Deutsch noch Englisch und deshalb auch nicht erzählen, was sie auf ihrer z. T. dreijährigen dramatischen Flucht erlebt hatten, die sie durch Wüsten und Gebirge zunächst in den Iran, dann weiter über zwei Flüchtlingslager im Libanon und in der Türkei sowie über das Meer nach Griechenland geführt hatte. Auf dem langen Weg durch mehrere Balkanländer gelangten sie schließlich nach Österreich und Bayern. Die Erlebnisse ihrer Flucht haben verstörende, tief sitzende traumatische Erinnerungen hinterlassen; darüber wollen und können sie nicht sprechen. Anfänglich konnten sie sich nur mühsam mithilfe eines Sprachprogramms auf dem Handy verständlich machen und gespeicherte Fotos aus ihrer Heimatstadt Kandahar zeigen: ein zerstörtes Haus, Tote und Verletze auf der Straße. Ein Iraner leistete Übersetzungsdienste, mit dessen Hilfe sie den Behörden zu erklären vermochten, dass sie asylberechtigt seien. Ihre Asylverfahren laufen noch, aber vorläufig wurde ihnen der Status „bleibeberechtigt" zuerkannt.

Nach gut einem Jahr in Deutschland schildern sie ihre Erfahrung im Gastland als rund heraus positiv und sind dankbar. Mit finanzieller Unterstützung durch das Sozialamt konnten sie sich eine größere Wohnung in einem Nachbardorf leisten, in der sie – sich gegenseitig stützend -als Großfamilie zusammenleben, kochen und beten. Die Eltern erhalten täglich 4 h Deutschunterricht im Gemeindehaus, dürfen aber noch nicht arbeiten. Sie vermissen Afghanistan, möchten jetzt aber

© Springer Fachmedien Wiesbaden GmbH 2017
E. von Einem, *Wohnungen für Flüchtlinge*, essentials,
DOI 10.1007/978-3-658-17860-4_1

Deutsche werden. Nur sporadisch erhalten sie Nachrichten aus ihrer kriegszerstörten Heimat über Radio oder Handy. Alle Kinder gehen seit Januar 2016 zur Schule in der Kreisstadt, die sie mit dem Schulbus oder mit dem Fahrrad erreichen. Da sie während der Fluchtjahre jahrelang keine Schule besuchen durften, sind Lücken entstanden. Die Schule stufte sie – je nach Leistungsstand – zurück, inzwischen holen sie aber auf. Anfänglich erlaubten es Ihre fehlenden Deutschkenntnisse noch nicht, dem Unterricht zu folgen, aber das hat sich innerhalb weniger Wochen geändert. Die Schule wird von ihnen als Chance erkannt, in Deutschland anzukommen.

Keines der Mädchen muss befürchten, zwangsverheiratet zu werden. Allmählich wachsen eigene berufliche Pläne. Nach Abschluss der Schule planen zwei von Ihnen, eine Lehrstelle anzutreten; eines der Mädchen möchte studieren, ein Sohn möchte Polizist werden; neben der Schule trainieren er und sein Bruder regelmäßig, weil die dörfliche Fußballmannschaft beide zu Stammspielern erwählt hat. Gemeinsam mit ihren neuen deutschen Fußballfreunden fieberten sie anlässlich der Europameisterschaft in Frankreich vor dem Fernseher. Im Sommer 2016 kam Besuch der weiteren Verwandtschaft aus Frankfurt, um den dort noch immer in Notunterkünften untergebrachten Vettern und Cousinen Ferien auf dem Lande zu ermöglichen.

Eine Erfolgsgeschichte? Nach 12 Monaten ziehen Wolken auf. Nachrichten aus Pakistan einerseits, einem Land, das sich entschlossen zeigt, seine 1,5 Mio. afghanischen Flüchtlinge über die Grenze, notfalls mit militärischer Gewalt, zurück in ihr Heimatland zu drängen sowie aus Berlin andererseits untergraben das bisherige dominierende Gefühl, in Deutschland ankommen und sicher aufgenommen worden zu sein. Angst und Unsicherheit breiten sich erneut aus, insbesondere die bange Frage: Können alle 13 Flüchtlinge bleiben oder wird die Großfamilie auseinandergerissen? In Windeseile verbreitete sich die Nachricht, dass nicht nur Pakistan Flüchtlinge zurückschickt, sondern die Bundesregierung ein zunächst geheim gehaltenes Abkommen mit der afghanischen Regierung abgeschlossen habe (Spiegel online v. 16. Okt. 2016), in dem sich Kabul gegen die Zusage von Geldern aus dem Etat der Entwicklungshilfe verpflichtete, 12.500 der in Deutschland z. Zt. lebenden 250.000 Afghanen zurückzunehmen. Das Bundesamt für Migration und Flüchtlinge änderte 2016 – im Vergleich zu den Vorjahren – seine Anerkennungspraxis, indem es nur noch eine Quote von 52 % (vorher waren es 87 %) aller afghanischen Asylanträge anerkannte. Gegen die Ablehnung von Asylanträgen bleibt zwar die Möglichkeit der Klage vor den Verwaltungsgerichten, aber das Grundvertrauen in deutsche Behörden ist erschüttert.

Auch unter den Flüchtlingen hat sich herumgesprochen: 2017, im Jahr der anstehenden Bundestagswahl möchte die Bundesregierung den Neo-Populisten der AfD nicht das Feld überlassen. Zu durchsichtig ist das Motiv hinter der Politik, die sich entschlossen zeigt, vermehrte und schnellere Abschiebungen in sog. sichere Drittstaaten (Balkanstaaten, Türkei, Marokko, Tunesien, Afghanistan) durchzusetzen, obwohl die Rechtsprechung eine Abschiebung untersagt, wenn Abgeschobenen in ihrem Heimatland Gefahr für Leib und Leben droht und ihnen keine Sicherheit garantiert werden kann. In Afghanistan herrscht nach dem Abzug der alliierten Truppen wieder offener Krieg. Die Abschiebung in das kriegszerstörte und umkämpfte Afghanistan ist keinesfalls sicher und verstößt gegen die Menschenrechte. Bedenken, dass die Kämpfer der Taliban sowie jüngst auch diejenigen des Islamischen Staates im Vormarsch sind, zeitweilig die Stadt Kundus eroberten und inzwischen auch in den früher als sicher geltenden Städten Bomben zünden, leugnet die Bundesregierung, die beide Augen verschließend unterstellt, dass es befriedete Provinzen in Afghanistan gäbe.

Überforderung?   2

Die Flüchtlingswelle, die im zweiten Halbjahr 2015 unverhofft auf weit über eine Million Menschen anschwoll, hat die schon vorher bestehende Schieflage des Wohnungsmarktes weiter aus dem Lot geraten lassen und damit die kritische Situation auf dem Wohnungsmarkt in eine neue Dimension katapultiert.

Dem Satz „wir schaffen das" folgt auf dem Fuß die Frage: „Wie können wir es schaffen?" Gelingt die Unterbringung der Flüchtlinge, die sich vor Krieg, Verfolgung, Folter und anderen Menschenrechtsverletzungen nach Deutschland gerettet haben, in angemessenen und bezahlbaren Wohnungen? Dies ist die erste unter mehreren Herausforderungen: Beschulung, Sprachunterricht, Berufsausbildung, Krankenversorgung und Öffnung des Arbeitsmarktes sind ähnlich große Herausforderungen, die im Rahmen dieses Aufsatzes nur gestreift werden können. Der Vermittlung einer Wohnung müssen weitere Schritte folgen, um Integration zu ermöglichen, die nicht als einseitige Anpassung missverstanden werden darf, sondern als ein tolerantes aufeinander Zugehen. Die eigentliche Integration kann erst beginnen, sobald Flüchtlinge eine feste Bleibe gefunden haben, die ihnen ein Einleben und dauerhaftes Ankommen ermöglicht.

Nach dem Ende des zweiten Weltkriegs flüchteten 12 Mio. Menschen von Ost nach West; Sie wurden aufgenommen; man rückte zusammen, oft freiwillig, gelegentlich auch unfreiwillig. Konfliktfrei war das Zusammenleben auch damals nicht. Auf Anweisung der Alliierten griffen die Kommunen regulierend ein. Es gab Zwangseinweisungen und Wohnberechtigungsscheine. Dass dem Wiederaufbau der 5 Mio. im Krieg zerstörten Wohnungen Priorität einzuräumen sei, war hingegen quer über alle Fraktionen Konsens: Allen ein Dach über dem Kopf zu ermöglichen, Wohnungen instand zu setzen, neue Wohnungen zu bauen und alle unterzubringen, war unbestritten das wichtigste politische Ziel seinerzeit … und es wurde erreicht! In den Jahren des Wirtschaftswunders wurden nach und nach alle Flüchtlinge integriert. Sie fanden Arbeit, wohnten in

© Springer Fachmedien Wiesbaden GmbH 2017
E. von Einem, *Wohnungen für Flüchtlinge*, essentials,
DOI 10.1007/978-3-658-17860-4_2

neu errichteten Sozialbauwohnungen – zwischen 1955 bis 1965 wurden etwa 2,7 Mio. neue Sozialwohnungen gefördert. Andere bauten sich Einfamilienhäuser am Stadtrand.

Nach 1990 kamen nochmals rd. 400–500.000 Migranten pro Jahr: Spätaussiedler aus Russland, Polen auf der Suche nach Arbeit, Gastarbeiter aus der Türkei und Flüchtlinge aus den umkämpften Gebieten des zerfallenden Jugoslawien. Plötzlich hieß es, das Boot sei voll, die Politik müsse den Flüchtlingsstrom begrenzen. Die Stimmung kippte in Richtung Fremdenfeindlichkeit. In Rostock-Lichtenhagen, Solingen, Mölln, Hoyerswerda und andernorts brannten Flüchtlingsunterkünfte. 1993 stimmten im Bundestag CDU/CSU, FDP und SPD gemeinsam dafür, das im Grundgesetz verankerte Grundrecht auf Asyl zu beschränken. Darüber hinaus setzte die Bundesregierung in der EU die Verschiebung der Asylsuchenden auf die Randstaaten der EU nach dem Dubliner Verfahren durch und damit eine Verlagerung der Flüchtlingsströme zulasten Spaniens, Italiens und Griechenlands; eine Regelung zum eigenen Vorteil, um sich selbst zu entlasten und sich ein weiteres Mal an die veraltete Fiktion zu klammern, Deutschland sein kein Einwanderungsland. In mehreren Bundesländern zogen Parteien mit Stimmen des rechten Randes in die Landtage ein (in Hamburg die Schill-Partei, in Sachsen-Anhalt wählten 1998 12,9 % die Deutsche Volksunion). In den 2000er Jahren allerdings verschwanden diese rechtsradikalen Parteien wieder in der Marginalität, als sich herausstellte, dass das vereinigte Deutschland sehr wohl in der Lage ist, Einwanderer und Flüchtlinge – auch in großer Zahl – bei sich aufzunehmen. Die Bundesregierung förderte den Wohnungsbau mit Steuervergünstigungen. So wurden 1996 – jeweils bundesweit 450.000–560.000 WE pro Jahr gebaut, in Berlin 33.000 WE. Heute spricht keiner mehr von der damaligen Flüchtlingswelle, denn auch diese Flüchtlinge fanden Wohnungen und Arbeit. Die Süddeutsche Zeitung dokumentierte z. B. im August 2016, wie sich die zweite Generation der ehemaligen Flüchtlinge innerhalb von 20 Jahren in Deutschland eingelebt, welche Jobs sie übernommen und wie sie sich integriert haben.

Heute heißt es wieder: Obergrenzen, Kontingente, Überlastung, Politikversagen, obwohl niemand je definiert hat, wann das Boot wirklich „voll" ist. Abwehrreflexe, Vorbehalte, Angst dominieren und verhelfen der AfD mit ihren vereinfachenden „Erklärungen" komplexer Zusammenhänge zu überraschenden Wahlerfolgen unter denen, die sich abgehängt fühlen. Die Parteien der großen Koalition erkennen zwar, dass sie die Nöte der Zurückgelassenen lange nicht wahrgenommen haben; Ihre faktischen Reaktionen hingegen wirken eher hilflos. Die Lektion, dass Protestwählern vom rechten Rand mit prinzipiengeleiteter, gradliniger, tatkräftiger Politik der Boden wieder entzogen werden könnte, scheint vergessen. Ob sich das Versprechen der Kanzlerin als glaubwürdig erweist, entscheidet sich in der Praxis, in der Politiker und Verwaltungen in Bund, Ländern und Kommunen im Verbund mit den Freiwilligen und Ehrenamtlichen der Zivilgesellschaft gefordert sind, die Hürden der Integration zu nehmen.

Dann die unverhoffte Wendung: Mit der Schließung der Balkanroute im Frühjahr 2016 sanken die Flüchtlingszahlen schlagartig und in deren Folge reduzierte sich auch der politische Handlungsdruck: Zeit, Luft zu holen und die Rückstände der Registrierung und Bearbeitung von Asylanträgen aufzuarbeiten … sowie die wohnungspolitischen Optionen neu zu ordnen.

Seitdem die Ergebnisse der Volkszählung 2011 vorliegen, ist amtlich belegt, wie stark die demografische Entwicklung innerhalb Deutschlands geografisch auseinanderdriftet. Insgesamt hat sich die Zahl aller Einwohner in Deutschland von 82,4 Mio. (2000) auf 80,2 Mio. (2011) vermindert. Alle Prognosen stimmen in einem Punkt überein: zum einen nimmt der Anteil alter Menschen zu und gefährdet damit die Rentenkasse; zum anderen sinken die Zahlen der deutschen Stammbevölkerung: je nach Szenario werden es zwischen 70 und 75 Mio. im Jahre 2050 sein…, wenn es nicht mehr Zuwanderung gibt. Zum dritten nimmt die Zahl der Bewohner in den großen Städten gegen diesen Trend seit etwa 10 Jahren wieder deutlich zu. In München und Hamburg ist dieser Trend schon seit 15 Jahren zu beobachten, inzwischen wachsen aber auch andere Großstädte einschließlich Berlin, Leipzig, Dresden, Essen und Dortmund sowie mehrere Universitätsstädte, etwa Freiburg, Heidelberg, Karlsruhe, Göttingen, Jena und Potsdam.

Diese Zahlen widerlegen die pauschale Behauptung vom „vollen Boot", genauer: sie legen es nahe, geografisch zu differenzieren. Die demografische Entwicklung innerhalb Deutschlands verläuft asymmetrisch. Während der Zuzug in die großen Städte und in ausgewählte Universitätsstädte unvermindert anhält, entvölkern sich die ländlichen Landesteile, aber auch die altindustriell geprägten Städte. Ein Beispiel: Trotz aller entwicklungspolitischen Anstrengungen der Landesregierung Nordrhein-Westphalens verlieren viele Städte des Ruhrgebiets weiterhin Einwohner durch Abwanderung nach Düsseldorf und Köln sowie Frankfurt, Stuttgart, München und Berlin; d. h. während Engpässe der Wohnungsversorgung in den wachstumsstarken großen Städten unübersehbar sind, herrschen andernorts Leerstände und Überangebote an freien Wohnungen.

Nach den Attentaten in Paris, Brüssel und Nizza, in Ankara und Istanbul, Jerusalem, Kabul und Bagdad; nach den unakzeptablen An und Übergriffen gegen Frauen in der Silvesternacht 2015 in Köln, Hamburg und Stuttgart sowie den terroristischen Anschlägen in Würzburg, Ansbach und auf den Weihnachtsmarkt 2016 in Berlin kann niemand die Flüchtlingswelle auf die leichte Schulter nehmen. Eine Minderheit kommt nicht nur mit friedlichen Absichten. Gegen sie müssen Polizei und Justiz vorgehen. Die bestehenden gesetzlichen Instrumente sind anzuwenden. Gleichwohl haben alle Anspruch auf ein rechtsstaatliches Verfahren und als Verfolgte auch ein grundgesetzlich abgesichertes Anrecht auf Schutz und Asyl. Dass es das Bundesamt für Migration und Flüchtlinge mit seinen Außenstellen bisher trotz Aufstockung des Personals nicht geschafft hat, den Berg unbearbeiteter Anträge abzuarbeiten, ist das Problem dieser Behörde, rechtfertigt aber keinesfalls das pauschale Verdikt vom Versagen des Staats.

Die reiche Bundesrepublik ist aus humanitären, rechtsstaatlichen und aus christlichen Gründen sowohl im Sinne des Grundgesetzes als auch der Menschenrechtscharta verpflichtet, bedrohten Fremden Asyl zu gewähren und bei sich aufzunehmen, ganz abgesehen davon, dass Zuwandernde aus anderen Ländern langfristig ein Gewinn sind. Wie das Deutsche Institut für Wirtschaftsforschung (DIW) vorgerechnet hat, kehren sich die anfänglichen Kosten der Unterbringung und Integration nach 5–10 Jahren um (DIW 2015). Sie werden durch Wohlstandsgewinne mehr als aufgewogen. Langfristig tragen sie sowohl zur Verbesserung der demografischen Bilanz bei, wie auch zum Wachstum des Brutto-Inlandsprodukts; sie bringen höhere Einkommen, Steuereinnahmen und zusätzliche Beitragszahler zur Rentenversicherung. Auch aus diesen Gründen sollten Migranten willkommen geheißen werden.

Laut Migrationsbericht 2015 des Bundesamts für Migration und Flüchtlinge vom Januar 2016 wird damit gerechnet, dass etwa ein Drittel aller Flüchtlinge in europäische Nachbarländer weiterwandern oder in ihre Heimatländer zurückkehren (BAMF 2016). Zugleich erinnert der Migrationsbericht daran, dass die Binnenwanderung innerhalb der EU schon seit Jahren eine zweite Quelle des Zuzugs bildet, die etwas aus dem Blickfeld geraten zu sein scheint. Aus Frankreich, Spanien, Portugal, Griechenland, Italien, Polen und Rumänien wandern eine knappe halbe Million, überwiegend arbeitsloser junger Menschen pro Jahr ein, um in Deutschland zu studieren, eine Ausbildung zu absolvieren oder Arbeit zu suchen. Diese Zuwanderer – auch von ihnen bleiben nicht alle – nutzen zu Recht die Freizügigkeit innerhalb der EU. Mit einer Akademikerquote zwischen 50 % (Rumänien) und mehr als 70 % (Frankreich und Italien) füllen sie Fachkräftelücken des deutschen Arbeitsmarktes. Viele finden Arbeit, wenn auch oft zunächst nur als Praktikanten oder als schlecht bezahlte Teilzeitbeschäftigte (Pfeffer-Hoffmann 2016).

In Berlin betrug der Zuzug vor der Flüchtlingswelle rd. 40.000 Menschen pro Jahr, darunter viele junge gut ausgebildete Zuzügler aus Süd- und Osteuropa. 2015 kamen zwischen 80.000 und 100.000 Flüchtlinge zusätzlich neu an, zusammen etwa 120.000, von denen ein Teil zurückkehrt oder weiterzieht; Per Saldo bleiben rd. 80.000, die nunmehr eine Wohnung suchen. Das LaGeSo, dessen monatelanges Chaos beispiellos ist und hier nicht noch einmal beklagt werden soll, arbeitet mit veralteter Software und schiebt einen Berg unerledigter Akten vor sich her. Das Amt lässt seine „Kunden" in sommerlicher Hitze wie in winterliche Kälte ausharren und teilweise mehrmals in einer Woche Schlage stehen, bis es seine Beamten schaffen, Bescheinigungen auszustellen und Flüchtlingen in Not Unterstützungen auszuzahlen. Das LaGeSo ist ein augenfälliges Beispiel dafür, wie schwer es trägen Großverwaltungen fällt, sich mit neuen, gelegentlich auch pragmatisch-improvisierten Arbeitsabläufen auf unvorhergesehene Aufgaben einzustellen.

Andere Städte haben die auf sie zukommenden Herausforderungen besser in den Griff bekommen. München etwa lernte im Sommer 2015 nach anfänglichen Problemen – die Unterbringung ankommender Flüchtlinge zu steuern und zu verteilen, die aus Österreich in überfüllten Zügen am Hauptbahnhof strandeten. Von dort wurden die Flüchtlinge inzwischen den Ländern, Städten und Landkreisen zugewiesen. Da der Schlüssel der Verteilung nur auf dem Papier steht, sich aber mit der Realität nicht deckt, sind die Probleme nicht überall gleich groß.

Engpässe des Wohnungsmarktes 3

Der Wohnungsmarkt ist bereits seit den 2000er Jahren tief gespalten. Die Größenordnung des aktuellen Wohnungsbedarfs ist schwer abschätzbar. Zum Jahresbeginn 2015 lautete die Prognose: Deutschland benötigt pro Jahr 250.000 neue Wohnungen. Wenige Wochen später war die Prognose veraltet. Per Jahresende 2015 dürfte eher von einem Bedarf von 400.000 neuen Wohnungen pro Jahr, vor allem Sozialwohnungen, auszugehen sein (Pestel 2015a).

Der Wohnungsneubau hinkt diesen Bedarfszahlen seit vielen Jahren hinterher (s. Tab. 3.1).

Ermutigend ist zwar, dass die Zahl der aktuell erteilten Baugenehmigungen einen bundesweiten Anstieg des Wohnungsneubaus erwarten lässt (2014: 251.175; 2015: 271.916). Dennoch sind die Zahlen immer noch bei weitem zu gering, um die Schere zu schließen, denn der Bedarf wird von der Bundesregierung auf 400.000 Neubauwohnung geschätzt. Insbesondere in den wachsenden Städten klaffen Bedarf und Angebot weit auseinander. Dieses Defizit ist die eigentliche Ursache der steigenden Mieten (Statistisches Bundesamt 2015).

Wie stark die Diskrepanz ist, lässt sich an der Zahl der Fertigstellungen neuer Wohnungen in Berlin ablesen; diese lag im Jahr 2014 bei 8.744. Zwar wird auch in Berlin wieder mehr gebaut, gemessen an jenen 3000–3500 WE, die in den dürren 2000er Jahren p. a. neu errichtet wurden. Der Senat rechnete zum Jahresbeginn 2015 mit einem Bedarf von 20.000 neuen Wohnungen pro Jahr. Wegen der Zuwanderung liegt der Bedarf aber inzwischen bei 30.000 bis 35.000 zusätzlichen Wohnungen pro Jahr, d. h. der Anstieg der Neubautätigkeit reicht bei weitem nicht aus, um den Anstieg der Mieten zu bremsen.

Damit ist das Drama aber noch nicht hinreichend umrissen. Gravierend ist, dass in den letzten 15 Jahren – trotz des Anstiegs der Neubauzahlen – so gut wie keine neuen Sozialwohnungen gebaut wurden, ein Befund, der sich nicht auf Berlin, München, Frankfurt, Hamburg, Düsseldorf/Köln und Stuttgart beschränkt,

© Springer Fachmedien Wiesbaden GmbH 2017
E. von Einem, *Wohnungen für Flüchtlinge*, essentials,
DOI 10.1007/978-3-658-17860-4_3

Tab. 3.1 Quelle: Statistisches Bundesamt

Wohnungsneubau Fertigstellungen		Davon Sozialwohnungen Fertigstellungen
2008	175.927	10.777
2009	140.166	12.659
2010	142.891	11.896
2011	164.175	
2012	180.611	
2013	192.276	
2014	220.293	
2015	220.197	

sondern bundesweit auch in anderen Städten zu beobachten war und immer noch andauert.

- Gebaut wird nahezu ausschließlich für Gutverdienende im **oberen Segment: hochpreisige Mietwohnungen** (ab 10 €/qm netto-kalt) sowie mit zunehmender Tendenz: **Eigentumswohnungen.** Das Angebot ist ausgerichtet auf betuchte Haushalte mit steigenden Wohnansprüchen, d. h. auf die Nachfrage von Haushalten ab der oberen Mittelschicht einschließlich der jungen Erben sowie der Doppelverdiener mit und ohne Kinder (von Einem 2016, 145 ff.). Die Wohnungen dieses Segments sind für Flüchtlinge unbezahlbar. Für die Unterbringung von Flüchtlingen sind sie zu vernachlässigen.
- Anders sieht es im **unteren Segment** des Marktes für **Mietwohnungen einfachen Standards** aus. Wohnungen mit niedrigen Mieten sind schon seit vielen Jahren knapp. Auf diesen Teilmarkt drängen künftig auch Flüchtlinge. Sie treffen hier auf andere Haushalte mit niedrigen Einkommen, die sich nur Wohnungen mit niedrigen Mieten leisten können, etwa alleinerziehende Frauen mit Kindern, Rentnerhaushalte mit niedrigen Renten sowie Arbeitslose und HARTZ IV-Empfänger.

Bundesweit gibt es nur noch 1,4 Mio. Sozialwohnungen (davon in Berlin 128.000). In jedem Jahr erlischt die Preisbindung ehemals geförderter Sozialwohnungen (derzeit 60.000 pro Jahr), während seit 2000 nur noch rd. 10.000 Sozialwohnungen p. a. neu gebaut wurden (Pestel 2015b); d. h. der Verlust wird nicht annähernd ausgeglichen.

Die Diskrepanz der Spaltung wäre noch größer, wenn sich die kommunalen, ehemals gemeinnützigen Wohnungsunternehmen und die -genossenschaften nicht weiterhin überwiegend sozial verantwortlich verhalten würden. Sie sind in der Regel bereit, ihre Wohnungen zwischen 5–7 €/m^2 (netto-kalt) zu vermieten, weil sie sich noch nicht dem Prinzip der maximalen Miete verschrieben haben. Sie dämpfen de facto den Auftrieb der Mieten. Die Engpässe des Wohnungsmarktes im preisgünstigen Segment sind evident und der Zustrom an Flüchtlingen verschärft die Situation in dramatischer Art und Weise. Die Frage, wie Zuwanderer aus Süd- und Osteuropa sowie die Flüchtlinge, die aus Kriegsgebieten außerhalb der EU in Deutschland Zuflucht suchen, zu sozial erträglichen Mieten untergebracht werden, stößt auf Ratlosigkeit sowohl in den Ministerien und Kommunalverwaltungen, als auch bei den Wohnungsunternehmen und den Verbänden und auch die Wohnungsbauforschung kann keine tragfähigen Lösungen anbieten.

Bei der Suche nach Antworten ist zu unterscheiden zwischen der **Erstaufnahme** im Sinne von **Not- oder Sofortmaßnahmen** und den Wohnungsproblemen derjenigen **Flüchtlinge,** deren **Asylantrag angenommen** wurde oder die als **Geduldete eine Bleibeperspektive** haben. Dazu zählen alle, die Anspruch auf ein rechtsstaatliches Asylverfahren haben oder die nicht in Kriegsgebiete abgeschoben werden dürfen. Beide Gruppen, anerkannte Asylsuchende und geduldete Flüchtlinge, bilden die weitaus überwiegende Mehrheit. Von 15.000 Neuankommenden pro Monat (Herbst 2015) wurden aus Berlin z. B. rd. 300 zurückgeschickt, vor allem jene aus Balkanländern. D. h. alle übrigen drängen früher oder später auf das bereits übervolle untere Segment des Wohnungsmarktes, sobald sie die provisorischen Unterbringungen in den Noteinrichtungen der Erstaufnahme verlassen.

Wie viele Notunterkünfte es inzwischen bundesweit gibt, ist unbekannt. In Berlin stellte die Stadt 38.000 Plätze für 79.000 registrierte Flüchtlinge in Notunterkünften bereit. Weitere Notunterkünfte werden dringend für jene benötigt, die nicht bei Bekannten oder Verwandten untergekommen. In Hamburg wurden 49.000 registriert und alle Bezirke durch den Senat verpflichtet, ihren Teil zur Linderung der Wohnungsnot beizutragen. München stellt für 21.000 Flüchtlinge Unterkünfte bereit, Dortmund für 6000 und Hannover für 4000, während die Landkreise jeweils 1000 bis 2000 Flüchtlinge bei sich aufnehmen und darunter keineswegs zusammenbrechen. Im landesweiten Vergleich bestehen große Unterschiede: Manche Bürgermeister und Landräte klagen, dass ihre Turnhallen und Container randvoll belegt sind und sie nicht alle aufnehmen können, z. B. Passau, andere halten inzwischen sogar Überkapazitäten vor, z. B. Villingen-Schwenningen, wo von 950 Plätzen im Messegelände nur 95 belegt sind.

Damit ist die quantitative Dimension der Not zwar gelindert, aber noch nicht bewältigt, denn sobald Flüchtlinge den Bleibestatus erreichen, möchten sie ihre Notunterkünfte verlassen. Sie suchen preisgünstige Wohnungen auf dem Markt, wo auch andere bereits nach einer bezahlbaren Wohnung suchen. Der Bund hat den Ländern 600 Standorte als mögliche Orte für die Unterbringung angeboten (Stand: Herbst 2015), davon 60 in Berlin. Der Senat hat davon 50 in eine Liste möglicher Standorte übernommen, aber nur 4 vertraglich gesichert. Im Februar 2016 hat der Senat eine neue Liste von 100 möglichen Standorten zusammengestellt, gegen die sich Widerstand abzeichnet.

Es bedarf keiner Begründung: angesichts der Notlage sind alle Möglichkeit, auch ungewöhnliche, auszuschöpfen. Die Erstunterbringung in Containern, in beheizten Zelten, in Turnhallen, in ehemaligen Kasernen, in leer stehenden Hotels, in Berlin auch im renovierungsbedürftigen Kongresszentrum, im Flughafen Tempelhof, in der Cité Foch und in leeren Bürogebäuden sind als Notmaßnahmen unvermeidbar, als Dauerlösung jedoch inakzeptabel. Niemand, der Hilfe bedarf, darf als Obdachloser der Kälte ausgesetzt bleiben. Die Kommunen sind verpflichtet, allen Flüchtlingen zu helfen, die sich aus Kriegsgebieten gerettet haben, die aus Diktaturen, vor Gewalt, Folter, Verschleppung, Versklavung und Vergewaltigung geflohen sind.

Mit dem Nachlassen der Flüchtlingsströme im Winter und Frühjahr 2016 scheint die erste Stufe der wohnungspolitischen Herausforderung gemeistert, denn die Erstunterkünfte entleeren sich spürbar. Es droht aber die Gefahr, dass die Politik es in den überlaufenen Großstädten in Ermanglung anderer Möglichkeiten hinnimmt, dass Notunterkünfte, die nicht als Dauereinrichtungen gedacht sind, länger als gewünscht belegt werden, weil sie bei der zweiten, weitaus schwieriger zu meisternde Herausforderung scheitert: der Anmietung kostengünstiger Wohnungen auf dem „freien" Markt. In den Notunterkünften sind die Lebensbedingungen, die sanitären Verhältnisse, die lückenhaften Einrichtungen der Betreuung und Beschulung allenfalls für wenige Wochen tolerabel. Um Integration zu ermöglichen, sind die Bedingungen in derartigen Großeinrichtungen denkbar ungeeignet. Sobald Flüchtlinge eine Bleibeperspektive erhalten, benötigten diese eine dauerhafte Bleibe im preisgünstigen Segment des geschichteten Wohnungsmarkts. Sie treffen hier auf ein weitgehend ausgetrocknetes Wohnungsangebot, denn auch andere Haushalte mit niedrigen Einkommen sind auf eben dieses Segment angewiesen.

Wie schwierig die Suche nach einer billigen Wohnung ist, lässt sich mit Beobachtungen der Praxis belegen: Hat eine Flüchtlingsfamilie eine Wohnung entdeckt und sich mit dem Vermieter geeinigt (auch viele Vermieter möchten, soweit sie sich der Zivilgesellschaft zurechnen, helfen, indem sie Wohnungen, gelegentlich sogar unter Preis, an Asylsuchende vermieten), so scheitert die Anmietung dennoch an fehlenden Ermessensspielräumen, die den Job Center bei der Bewilligung von Kosten der Unterkunft verbleiben. Für Flüchtlinge, die die Praxis deutscher Behörden nicht kennen, ist nicht nachvollziehbar, dass Ihnen bei der Vermietung Wohnungsgröße und Höchstfördersätze vorgeschrieben werden, deren Einhaltung im Zuge der Bewilligung beantragter HARTZ IV Grundsicherung strikt geprüft wird. Angesichts der Hürden, überhaupt eine akzeptable Wohnung zu finden, erfahren Flüchtlingsfamilien von den Arbeitsagenturen nicht selten eine Ablehnung, wenn nicht alle Bedingungen haargenau eingehalten werden. Manche bereits als sicher geglaubte Wohnung erweist sich als zu groß oder zu teuer und damit nicht förderbar.

Fazit

Seit dem 01.01.2015 gilt der Mindestlohn. Diese Neuregelung dürfte die Einkommenssituation vieler Haushalte verbessern und es ihren erleichtern, höhere Mieten zu tragen. Aber nicht alle profitieren vom Mindestlohn. Es sei daran erinnert: Auch ohne Flüchtlinge gab und gibt es seit 2011/2012 unübersehbare Engpässe auf dem Wohnungsmarkt und zwar vor allem, weil die Haushaltsein kommen stagnierten. Die Mieten stiegen vor allem in den großen wachsenden Städten, sodass manche Haushalte, insbesondere solche mit einem Netto-Einkommen unter 1500 € um die 40 % für ihre Wohnungen, Heizung und Betriebskosten aufbringen müssen (von Einem 2016, S. 65).

Inzwischen wirken sich die niedrigen Baufertigstellungen der 2000er Jahre und die ausgebliebene Wiederbelebung des sozialen Mietwohnungsbaus spürbar negativ aus. Die Wohnungspolitiker im Bund, in den Ländern und in vielen Städten sahen damals (nach 2000) keinen Handlungsbedarf, weil sie meinten: Angesichts sinkender Bevölkerungszahlen und eines Polsters von 400.000 leer stehenden Wohnungen sowie eines erwarteten Anstieges dieses Leerstandes auf 1000.000 Wohnungen bis zum Jahr 2010 (Pestel Institut 2001) brauche es gar keine neuen Wohnungen. Beim Bund und in den Ländern war man sich damals fraktionsübergreifend sicher: der Markt werde es allein schaffen, eine Fehleinschätzung, wie heute einzuräumen ist (v. Einem 2016, 17 ff.). Erst mit den sich häufenden Presseberichten über steigende Mieten ab 2011/2012, setzte ein Umdenken ein, obwohl die bundesdeutschen Durchschnittsmieten im europäischen Vergleich immer noch am unteren Level rangieren.

Beim ersten Hinsehen liegt die Antwort auf der Hand, gipfelnd in dem Satz: „Wir müssen mehr Wohnungen bauen." Warum sagt sich dieser Satz so leicht, während er sich in der Praxis aus mehreren Gründen als äußerst schwer umsetzbar erweist?

Im November 2015 legte das Bündnis für bezahlbares Wohnen und Bauen, ein Zusammenschluss der kommunalen Spitzenverbände und aller Verbände der Bau- und Wohnungswirtschaft seinen Abschlussbericht vor. Daraufhin lud Ministerin Hendricks für den 17. März 2016 zu einer Kommunalkonferenz nach Berlin ein, um die Empfehlungen umzusetzen und zuvor nochmals die Meinungen und Erfahrungen der Praxis, insbesondere aus der Sicht der Oberbürgermeister und der Bundesanstalt für Immobilienaufgaben anzuhören. Das Thema der Konferenz war gut gewählt: „Zuwanderung und integrierende Stadtgesellschaft – Was folgt nach der Erstunterbringung?" Damit griff das zuständige Bundesministerium für Umwelt, Naturschutz, Bau und Reaktorsicherheit die zentrale wohnungspolitische Herausforderung auf: den Mangel an bezahlbaren Wohnungen in den Großstädten und einigen Universitätsstädten im Angesicht der Flüchtlingswelle.

Die Schließung der Balkanroute im Frühjahr 2016 verschaffte der Politik erstmals nach einem Jahr hektischer Notmaßnahmen eine Atempause. Nachdem wochenlang die Engpässe der Erstunterbringung in Sporthallen, Kasernen und leer stehenden Gewerbegebäuden im Fokus der Medien gestanden hatten, rückte zu Recht die zweite Stufe der wohnungspolitischen Herausforderung in den Mittelpunkt: die dauerhafte Bereitstellung von preisgünstigen Wohnungen für verarmte deutsche Haushalte ebenso wie für anerkannte Flüchtlinge und Geduldete mit Bleibeperspektive. Für sie gibt es in wachsenden Städten keine Angebote an preisgünstigen Wohnungen mehr, abgesehen von wenigen Ausnahmen. Seit Abschaffung der sog. Objektförderung nach 2000 herrscht eine Art Investitionsblockade im Segment des Neubaus kostengünstiger Wohnungen, insbesondere Sozialwohnungen.

© Springer Fachmedien Wiesbaden GmbH 2017

E. von Einem, *Wohnungen für Flüchtlinge,* essentials,

DOI 10.1007/978-3-658-17860-4_4

Die Schere zwischen Bedarf und Angebot hat sich im unteren – anders als im oberen – Preissegment weit geöffnet.

Brachten das Bündnis für bezahlbares Wohnen und Bauen und die oben zitierte die Kommunalkonferenz neue Aspekte und angemessene Lösungen? Neben der Wiederholung bekannter Absichtserklärungen, etwa der seit 30 Jahren immer wiederholten Forderungen nach stärkerer Mobilisierung von Grundstücksreserven, nach Vereinfachung bautechnischer Normen oder nach Baukostensenkungen, dominiert eine Forderung den Katalog der Empfehlungen: mehr Geld für den Wohnungsbau aus öffentlichen Kassen. Mit diesem Tenor richten sich die Forderungen in erster Linie an den auf Sparsamkeit eingeschworenen Finanzminister des Bundes und seine Kollegen in den Ländern, die seit der Verfassungsreform 2006 für den Wohnungsbau allein zuständig sind. In Varianten durchzieht sie als roter Faden mehrere Kongress- und Fachbeiträge und floss schließlich in die aktuellen Stellungnahmen der Verbände ein.

Um die Dimension des Problems zu verstehen, seien mehrere einander verstärkende Hemmnisse umrissen:

Problem 1 So verständlich das sozialpolitische Anliegen ist, die Dynamik der Mietsteigerungen zu bremsen, mit rechtlichen Reglungen (Mietpreisbremse, Umwandlungsverbot, Vermietungsverbot von Ferienwohnungen sowie Kappung der Umlage nach Modernisierung) lässt sich das Problem der auseinanderklaffenden Schere von Nachfrage und Angebot nicht in den Griff bekommen, denn damit entsteht keine einzige neue Wohnung. Die Instrumente des Mietrechts sind nicht geeignet, den Neubau von Wohnungen zu fördern, geschweige denn solche mit niedrigen Mieten. Eher bewirken sie das Gegenteil. Die Mietpreisbremse, die 2015 entgegen den Empfehlungen aller wirtschaftswissenschaftlichen Institute, einschließlich des Sachverständigenrates und der Bundesbank, von der unter Druck geratenen Großen Koalition im Bundestag verabschiedet wurde, erlaubt bekanntlich zwar die freie Vereinbarung der Miethöhe bei Erstvermietungen; spätestens jedoch mit dem ersten Mieterwechsel – innerhalb von 5 Jahren ziehen zwischen 30–40 % aller Mieter um – wird jede Erstvermietung zur Zweitvermietung. Damit greift die gesetzliche Kappung der Mieten und zwar so lange, bis die Mieten lt. Mietspiegel, die der realen Marktentwicklung in der Regel hinterherhinken, nachgezogen sind. (Sollten die Mietspiegel künftig auf den Durchschnitt der letzten 8 Jahre abstellen, dramatisiert sich die Investitionen behindernde Regelung um eine weitere Drehung an der Schraube des Mietrechts). Ausgebremste Mieten schrecken vor allem die Banken und Sparkassen ab, die sich angesichts der im März 2016 in Kraft getretenen verschärften EU-Beleihungsrichtlinien einerseits und angesichts der Einführung der Mietpreisbremse andererseits, restriktiver als bisher bei der Bewilligung von Hypothekendarlehn verhalten. Jedes Bauvorhaben muss durch das Nadelöhr der Darlehnsprüfung. Sei es hinsichtlich der Höhe des einzusetzenden Eigenkapitals oder weil aus Sicht der Finanzinstitute früher als sicher geltende, eingeplante Mietpreispotenziale nunmehr in Gebieten mit Mietpreisbremse gesetzlich ausgehebelt werden, wirken diese Auflagen in der Summe lähmend auf den Wohnungsneubau, insbesondere denjenigen zu preisgünstigen Mieten (SZ v. 17.05.2016).

Problem 2 Seit Abschaffung der Objektförderung (2000) haben sich nicht nur die freien Wohnungsunternehmen, sondern auch die Kommunalen Wohnungsbaugesellschaften und -genossenschaften aus dem Neubau von Wohnungen zu niedrigen Mieten verabschiedet. Letztere haben sich darauf konzentriert, ihre Bestände technisch und energetisch zu modernisieren. Nur in Ausnahmefällen haben sie – dank interner Quersubventionierung – noch neue Sozialwohnungen gebaut. Ursprünglich hatte die wohnungspolitische Kommission 1994, die die Wende der Wohnungspolitik empfohlen hatte, vorgeschlagen, dass die Abschaffung der Objektförderung durch eine Aufstockung der Subjektförderung (Wohngeld) kompensiert wird. Schon nach wenigen Jahren jedoch explodierten die Kosten des Wohngelds, sodass die Bundesregierung das Wohngeld 2005 im Zuge der sog. Agenda 2010 einschmolz, indem sie es von 5 Mrd. € auf weniger als 1 Mrd. € kürzte. Die damals eingeführten Zuschüsse zu den Kosten der Unterkunft konnten diese Kürzungen nur für HARTZ IV Empfänger und damit nur teilweise aufgefangen.

Problem 3 Diese 15-jährige Investitionsblockade hat Gründe. Ohne Förderung rechnet sich der Neubau von Mietwohnungsbau mit niedrigen Mieten nicht und zwar trotz niedriger Hypothekenzinsen. Eigentlich hatte die EZB (Europäische Zentralbank) erwartet, dass die Senkung der Darlehnszinsen seit 2000 von etwa 6,0 % auf derzeit etwa 1,0–1,5 % wie ein Konjunkturprogramm wirken und den Wohnungsneubau nachhaltig anregen müsste. Diese Erwartung hat sich nicht bewahrheitet. Trotz niedrigen Zinsen wird die Schwelle der Wirtschaftlichkeit oftmals nicht erreicht, ein Befund, der sich aus simplen Regeln der Immobilienökonomie ableitet. Sie lautet – vereinfacht gesagt: Es gibt eine Schwelle: Gebaut wird nur oberhalb dieser Schwelle, unterhalb dieser Schwelle kann nicht gebaut werden. Lässt sich die Schwelle berechnen? Ja, mittels Wirtschaftlichkeitsberechnungen ist genau anzugeben, wo die Schwelle liegt. Das Investitionsverhalten privater Bauherren birgt keine Geheimnisse. Kein Bauvorhaben ist finanzierbar, wenn die Erträge am Ende nicht positiv ausfallen. Der Schwellenwert, ab dem ein Bauträger ohne öffentliche Förderung kostendeckend Mietwohnungen bauen kann, lag im Jahr 2000 in Großstädten bei etwa 8 €/m^2, 2015 liegt dieser oberhalb von 10 €/m^2

(jeweils netto-kalt, entsprechend 12,50 €/m^2 brutto-warm); d. h. eine 80 m^2 große Wohnung ist unter 1000 €/m^2 (brutto-warm) pro Monat nicht zu erstellen (Nachweis siehe: von Einem 2016, S. 159 ff.). Keine Bank wird ein Bauvorhaben mit niedrigen Mieten finanzieren. Selbst wenn eine Wohnungsbaugesellschaft oder -genossenschaft aus sozialer Verantwortung Wohnungen mit geringen Mieten bauen wollte, sie könnte es nicht, denn dies brächte unweigerlich Verluste.

Problem 4 Bauen ist teuer, u. a. wegen der hohen deutschen Baustandards, die mitverantwortlich dafür sind, dass die Baupreise steigen. Vereinfachungen im Baurecht wurden schon vor 30 Jahren angemahnt; passiert ist wenig. Im Gegenteil führen immer neuen Vorschriften zu einer in der Summe zwar nicht gewollten, aber de facto blockierend wirkenden Überregelung der Landesbauordnung, der Baunutzungsverordnung, der DIN-Normen, des Umwelt- und Naturschutzrechts und der Rechtsprechung der Gerichte. Zeitweilig wurde über die Verschiebung der 3. Stufe des EnergieVO nachgedacht, die mit Zielen des Klimaschutzes zwar begründbar ist, obwohl der Zusatznutzen der neusten Normen verglichen mit der bisherigen Regelung kaum noch Einfluss auf die Energiebilanz haben und deshalb kaum noch verbessernd von Gewicht sind, aber unweigerlich einen weiteren Schub der Baupreise um etwa 8 % (2016) bewirken dürfte, wie die Arbeitsgemeinschaft zeitgemäßes Bauen (Kiel) ermittelt hat (Walberg 2015).

Problem 5 Mehr öffentliche Förderung? Seit 15 Jahre regierte der Rotstift: Die alten Programme der Wohnungsbauförderung wurden – mit guten Gründen – abgeschafft (Fehlbelegungen, Subventionsattentismus, Missbrauch, Bankenskandal). Die Sanierung der öffentlichen Haushalte stand im Vordergrund. Eingespart wurden u. a. die schuldentreibenden Programme des sozialen Wohnungsbaus. Erfreulicherweise zeichnen sich nach 15 Sparjahren Änderungen ab. Berlin plant in seiner neusten Jahreshaushaltsplanung 190–250 Mio. € pro Jahr ein, Bayern 500 Mio. € und Hamburg 1 Mrd. €; auch der Bund möchte sich wieder beteiligen. Ministerin Hendricks verlangt 2 Mrd. € für den Wohnungsneubau und stößt damit aber bei Finanzminister Schäuble auf wenig Gegenliebe. Dieser verweist darauf, dass er den Bundesländern im Herbst 2015 bereits 1 Mrd. € zugesagt habe, um sich an den Lasten der Unterbringung von Flüchtlingen zu beteiligen. Zusätzlich möchte er allenfalls steuerliche Sonderabschreibungen bewilligen. Seinen Vorschlag hat er als Gesetzesentwurf im Februar 2016 vom Bundeskabinett beschließen lassen: Investoren neuer Wohnungen in Städten mit angespannten Wohnungsmärkten dürfen bis zu einem Drittel der Baukosten in den ersten 3 Jahren abschreiben, sofern die Baukosten 3000 €/m^2 nicht übersteigen, eine

Reglung, die zwar auch Flüchtlingswohnungen, vor allem aber teure Wohnungen begünstigen würde. Zudem begünstigt diese auch Käufer von Wohnungen, d. h. auch international agierende Immobilienanleger, die in der Regel nicht selbst bauen, sondern fertige, vermietete Wohnanlagen in ihre Bestände übernehmen. Die Expertenanhörung im April 2016 hat Zweifel am Konzept des Finanzministeriums bestätigt.

Problem 6 Derzeit sind die Hypothekenzinsen so niedrig, dass sich mittels Förderprogrammen der alten Art (Zinssubventionen) kaum noch Anreizwirkungen erzielen lassen. Viele Wohnungsunternehmen lehnen Fördermittel angesichts der damit verbundenen Mietpreisbindungen (15 Jahr und mehr) ab. Es braucht also völlig neue Fördermodalitäten (etwa Investitionszulagen oder Bürgschaften). Wie diese gestaltet werden könnten, dazu gibt es zwar Vorschläge etwa in Schleswig-Holstein und Niedersachsen, hier und da auch Experimente, aber noch keinen Konsens.

Problem 7 Modulare Leichtbauweisen mit reduziertem Baustandard sowie vorgefertigte Wohncontainer werden derzeit gern als Rettung in der Not propagiert und von der Politik als sog. schnelle Lösungen angepriesen, wobei die Vorteile (Zügigkeit) nicht zwingend die Nachteile (kurze Lebenszeit, fehlender Komfort, einfacher Energiestandard und unklare Nachfolgenutzung) aufwiegen. Wie Kostenvergleiche der Arbeitsgemeinschaft zeitgemäßes Bauen aus Kiel zeigen, bleiben Einsparungen angesichts strikter Bauvorschriften überschaubar (etwa 1550 €/m^2 statt 1800 €/m^2, Walberg 2015) und selbst die zeitlichen Einsparungen fallen nur bei hohem Vorfertigungsgrad spürbar aus. Der zeitliche Aufwand für Planung, Finanzierung, Baugenehmigung und Erschließung lässt sich ohnehin nur unwesentlich verkürzen.

Problem 8 Für die Unterbringung der 2015 angekommenen Flüchtlinge dürften alle erwähnten Maßnahmen <u>zu spät</u> kommen. Für sie braucht es neue Wohnungen <u>jetzt</u>, nicht in einigen Jahren. Damit geraten die zeitlichen Restriktionen ins Blickfeld. Planen und Bauen brauchen Zeit: Grundstückssuche, Kaufverhandlungen, Klärung des Planungsrechts, Entwurf des Architekten, Baugenehmigungsverfahren, Verhandlungen mit Banken, Ausschreibungen der Gewerke. In anderen Worten: In der Regel vergehen 2 bis 2½ Jahre bis zum Baubeginn, Daran schließt sich eine Bauzeit von 1 bis 1½ Jahre sowie die Phase der Vermietung an. Bis eine neue Wohnung bezogen werden kann, d. h. zwischen Ankündigung und tatsächlicher Fertigstellung einer Wohnung, vergehen ca. 4 Jahre oder mehr. Sollte ein B-Plan erforderlich sein, sind weitere 2 Jahre (in Berlin 4 Jahre) einzuplanen.

Wie immer die Schwerpunkte der künftigen Wohnungspolitik gesetzt werden, absehbar ist eine Vervielfachung der Belastungen aller öffentlichen Haushalte. Ob es den Ländern gelingt, die langfristigen Aufgaben des sozialen Mietwohnungsbaus zu meistern; d. h. ob genügend Sozialwohnungen zu erschwinglichen Mieten zur Verfügung stehen werden, bleibt mehr als ungewiss, denn im unteren Segment ist das Missverhältnis von Bedarf und Angebot schon zu weit auseinandergedriftet. Wie dieses Problem zu lösen ist, dafür gibt es weder in der Politik, noch in den Verbänden, noch aus der Wissenschaft überzeugende Antworten, es sei denn, die Politik entschließt sich, in bisher undiskutablen Größenordnungen öffentliche Mittel bereitzustellen. Die Wohnungswirtschaft rechnet mit einem Finanzbedarf von 8 Mrd. € pro Jahr, um 100.000, statt bisher 10.000 neue Sozialwohnungen bauen zu können. Das aber würde eine Abkehr von der bisher alles überwölbenden Sparpolitik voraussetzen und die Ziele ausgeglichener öffentlicher Haushalte gefährden. Naheliegend wäre die Wiedererfindung des gemeinnützigen sozialen Wohnungsbaus, quasi eine Neuerfindung unter zeitgemäßen Bedingungen. Die kommunalen Wohnungsunternehmen und -baugenossenschaften – letztere leisten bisher nur einen zu kleinen Beitrag zur Lösung der Wohnungsprobleme – sind komplett auf öffentliche Förderprogramme angewiesen und verweigern sich, solange nicht mehr öffentliche Mittel bereitstehen.

Auch wenn die Förderung des sozialen Mietwohnungsbaus im größeren Stil wieder auf die politische Agenda gesetzt würde, es ist schwer vorstellbar, dass damit – quantitativ – genügend neue Sozialwohnungen entstehen. Alle Überlegungen zur Vereinfachung, Kostensenkung und Beschleunigung des Bauens sind überfällige, lenken derzeit aber vom Problem der Dringlichkeit ab; zudem spricht vieles dafür, dass sie – entgegen aller Absichtserklärungen – letztlich nur geringe Chancen der Umsetzung haben. In der Summe würden alle diese Maßnahmen zu wenig bewirken, um anerkannten und geduldeten Flüchtlingen sowie allen anderen Haushalten mit geringen Einkommen kurzfristig zu einer Sozialwohnung zu verhelfen. Selbst wenn die Politik – wie sie gern ankündigt – die Voraussetzungen schaffen würde, damit künftig mehr neue Wohnungen in kürzerer Zeit gebaut werden könnten und selbst wenn dafür in den Landeshaushalten wieder deutlich mehr Mittel bereitgestellt würden, die Hürden der Baulandbeschaffung, der B-Plan Verfahren, der EU Normen, der Rechtsprechung und anderer administrativer Hemmnisse sind hoch. Es ist unrealistisch zu erwarten, dass damit die akuten Engpässe schnell zu beseitigen sind. Bis Reformen greifen, vergehen Jahre. Angesichts der aktuellen Engpässe in den großen Städten hilft dies alles nicht, um bedürftige Flüchtlinge nicht nur in Notunterkünften, sondern in „normalen" Wohnungen unterzubringen.

Fazit

Die Leerstände sind in den wachsenden Großstädten inzwischen abgebaut; geblieben sind nur noch Restbestände, etwa unvermietbare, unsanierte Altbauwohnungen in lichtlosen Hinterhöfen, z. T. noch mit Ofenheizung oder ohne Innentoilette, Wohnungen entlang lärmbelasteter, lauter viel befahrener Straßen oder hinter Bahndämmen sowie in unsanierten Plattenbauten mit mehr als 5 Etagen ohne Fahrstuhl. Derartige Wohnungen werden von Haushalten mit mittleren oder oberen Einkommen abgelehnt, weil sie deren Erwartungen und steigenden Ansprüchen nicht entsprechen.

Dezentralisierung 5

Damit richtet sich der Blick auf jene Städte und Orte, in denen es noch freie Wohnungen gibt. Ohne die schrumpfenden Städte, aber auch ohne die vielen kleinen Städte und Dörfer in ländlichen Regionen geht es nicht, denn hier ist die Situation eine andere. Der Großteil des immer noch bestehenden Wohnungsleerstands findet sich in wachstums-schwachen Städten, wie Chemnitz, Magdeburg, Plauen, Dessau, Stendal sowie in Gelsenkirchen, Wattenscheid, Herne, Hagen, Duisburg, Wuppertal und Bremerhaven sowie in ländlichen Gemeinden.

Das bundeseigene Institut für Bau-, Stadt und Raumforschung hat im Feb. 2016 aktuelle Zahlen zum Leerstand veröffentlicht (s. Abb. 5.1) (BBSR 2016). Danach gibt es bundesweit immer noch 630.000 leer stehende Mietwohnungen in Mehrfamilienhäusern, die prinzipiell für die Unterbringung von Flüchtlingen genutzt werden könnten. Weitere leer stehende Wohnungen in Ein- und Zweifamilienhäusern, die nicht erfasst wurden, kommen noch hinzu. Diese Leerstandswohnungen liegen allerdings nur zu einem kleinen Teil in wachsenden Großstadtregionen, überwiegend jedoch in ländlichen Gebieten und zwar sowohl in den ostdeutschen Bundesländern (273.000), als auch in den alten westdeutschen Bundesländern (375.000), davon allein 150.000 in Nordrhein-Westfalen, gefolgt von Sachsen (98.000) und Niedersachsen (50.000).

Die Unterbringung der Flüchtlinge ist mithin auch ein räumliches Problem. Der gelegentlich geäußerte Einwand, Flüchtlinge fänden in mittleren und kleinen Städten sowie in den Dörfern keine Arbeit, scheint nicht zwingend zu sein. Wie der gleichen Studie des BBSR zu entnehmen ist, befinden sich die meisten der gemeldeten freien Stellen zwar in den Großstädten; aber auch in strukturschwachen Städten sowie in kleinen und mittleren Städten und insbesondere in den ländlichen Regionen wurden von der Bundesagentur für Arbeit freie Arbeitsstellen ermittelt, sei es in der Industrie, im Handwerk, in der Landwirtschaft (saisonale Erntehelfer) oder in diversen Dienstleistungen. In Betracht kommen auch

© Springer Fachmedien Wiesbaden GmbH 2017
E. von Einem, *Wohnungen für Flüchtlinge*, essentials,
DOI 10.1007/978-3-658-17860-4_5

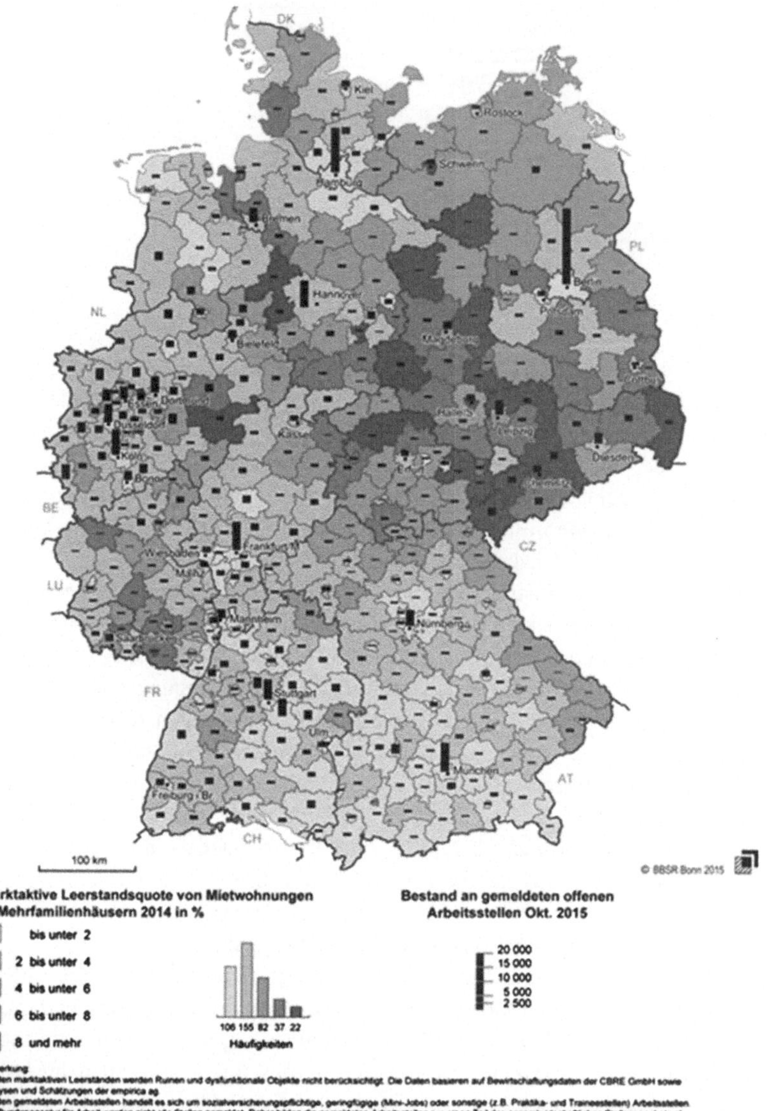

Abb. 5.1 Wohnungsleerstand in Mehrfamilienhäusern 2014 und offene Arbeitsstellen 2015. (Quelle: BBSR Wohnungsmarktbeobachtung. CBRE empirica Leerstandsdaten 2014, Bundesagentur für Arbeit. Bestand an gemeldeten Arbeitsstellen Oktober 2015. Bearbeitung A Schürt, J. Nielsen)

dort angebotene Lehrstellen, denn viele jüngere Flüchtlinge interessieren sich für die Absolvierung einer Lehre. Hier kommen die örtlichen Arbeitsagenturen ins Spiel, denen allerdings die Hände gebunden sind, solange die arbeitsrechtlichen Barrieren für die Beschäftigung von Flüchtlingen nicht gelockert werden. Sie behindern die Beschäftigung von Asylsuchenden und geduldeten Flüchtlingen, derzeit das wichtigste Hindernis gelingender Integration.

In Brandenburg wird die Zahl der freien Wohnungen derzeit auf rd. 30.000 geschätzt. Leer stehende Wohnungen und Häuser gibt es dort noch in vielen kleinen und mittleren Städten sowie in den Dörfern. Eberswalde meldet 1600 freie Wohnungen, Brandenburg/Havel 2000. Wie es in Schwedt, Cottbus, Frankfurt/Oder, Prenzlau, Spremberg, Neuruppin, Luckenwalde u. a. aussieht, ist nur zu vermuten.

Die Mehrheit der Flüchtlinge verdient es, nach den traumatisierenden Erlebnissen ihrer Flucht einen Ort persönlicher Sicherheit, eine eigene Wohnung, beziehen zu können. Sie möchte ankommen, sich integrieren und vor allem arbeiten. Viele Flüchtlinge bringen den unbedingten Willen mit, in Deutschland heimisch zu werden. Sie möchten ihre Dankbarkeit zeigen, eigenes Geld verdienen, möchten etwas zurückgeben und sich nützlich machen.

Zwar wollen auch Flüchtlinge am liebsten in einer Großstadt wohnen, wo sie meinen, leichter Arbeit zu finden und wo sie Verwandte und Bekannte gleicher Nationalität treffen können; dieser Wunsch ist verständlich, lässt sich jedoch – nach Abwägung – in vielen Fällen nicht realisieren. Im Asylrecht hat der Schutz vor Verfolgung Vorrang, nicht die Erfüllung aller Wohnortpräfenzen. Im Sinne schneller Lösungen ist es deshalb zwingend erforderlich, leere Wohnungen dort zu mobilisieren, wo es sie gibt: in strukturschwachen, schrumpfenden Städten sowie im ländlichen Raum, denn dort finden sie schneller Platz zum Wohnen.

Allerdings verbietet es sich, die räumliche Dezentralisierung zu idealisieren; es bleiben schwerwiegende Bedenken. Ohne PKW sind Flüchtlinge auf dem Lande weitgehend immobil, da Bahn- und Busverbindungen ausgedünnt, Läden des Einzelhandels geschlossen und Schulen schwer zu erreichen sind. Viele alte Häuser und Wohnungen haben zudem mehrere Jahre leer gestanden: zerbrochene Fensterscheiben, nicht funktionierende Heizungen, verstopfte Abflüsse, Schimmel, undichte Dächer, ungesicherte Haustüren. Bevor diese bezogen werden können, braucht es einige Wochen der Instandsetzung. Nicht selten leben die Eigentümer nicht mehr am Ort, manche sind zu alt, um ihr Haus laufend instand zu halten; anderen fehlt es an Kapital. Kann die öffentliche Hand einspringen? Notreparaturen im Sinne von Ersatzvornahmen stoßen auf rechtliche Bedenken; wer haftet, wer zahlt? Bisher ist es so: Für Instandsetzungen dürfen öffentliche

Gelder, die den Sozialbehörden für die Unterbringung von Flüchtlingen zugewiesen werden, nicht verwandt werden.[1] Das könnte –so die Ankündigung Minister Altmaiers – geändert werden.

Einfach ist die Unterbringung in schrumpfenden Städten und im ländlichen Raum auch aus anderen Gründen nicht, denn ausländerfeindliche Vorbehalte sind – leider – in der Provinz noch immer verbreitet. Erinnert sei an den Sturm rassistischer Hasstiraden, sei es im Internet, am Stammtisch oder auf der Straße, geschürt vom ausgrenzenden Milieu am rechten Rand, das sich über weite ländliche Landesteile verbreitet und viele daran zweifeln lässt, dass die Herausforderungen „zu schaffen" sind. Polizei und Gerichte gehen zwar gegen Rechtsbrüche und Übergriffe vor, können aber nicht alle Missbräuche eindämmen.

In anderen Worten: Flüchtlinge dürfen weder blindlings den erhöhten Risiken und fremdenfeindlichen Angriffen ausgesetzt, noch schutzlos an den Pranger gestellt werden. Es gibt keinen Grund, Flüchtlinge zu diskriminieren, weil sie aus Not nach Deutschland flüchteten. Über 1000 Angriffe und Brandanschläge auf Asylunterkünfte allein im Jahr 2015 sind eine Lektion, die präventive Maßnahmen erfordern, aber auch nicht als Vorwand dienen können, dem Problem aus dem Weg zu gehen. Gewalt und Fremdenfeindlichkeit können nicht hingenommen und stadtferne Landesteile nicht aufgegeben werden. Eine Umkehr der Perspektive ist angesagt. Es gibt keinen Grund, die Aufnahme von Flüchtlingen in leer stehenden Wohnungen und Häusern gar nicht erst zu versuchen. Vor der Herausforderung, wachstumsschwachen Städten und ländlichen Landesteilen eine Perspektive zu bieten, darf die Politik nicht kneifen. An das Gebot, gleichwertige Lebensverhältnisse herzustellen, sei erinnert.

Das bedeutet, die Strategie der Dezentralisierung ist zu begleiten durch vorbeugende Maßnahmen, die die Akzeptanz der Ankommenden sicherstellen. Dies ist eine Voraussetzung, um die Unterbringung in mittleren und kleinen Städten sowie in den Dörfern wohnungs- und sozialpolitisch verantwortbar zu gestalten. Das aber erfordert einen übergreifenden politischen Ansatz. Alle Strategien der dezentralen Wohnungspolitik müssen fachübergreifend mit sozialpolitischen Konzepten der Gewaltprävention, mit Initiativen der sozialen und psychischen Betreuung und mit arbeitsmarktpolitischen Konzepten verknüpft werden.

---

[1]In den ersten Jahren nach der Wende, zu Zeiten noch ungeklärter Eigentumsverhältnisse haben manche Städte (Erfurt, Quedlinburg, Görlitz, Wismar) Notreparaturen an denkmalgeschützten Gebäuden auf eigene Kosten durchführen lassen, weil es niemanden gab, der sich verantwortlich fühlte, um historisch wertvolle Bausubstanz vor dem weiteren Verfall zu retten; sie haben sich im Grundbuch Sicherungshypotheken eintragen lassen, um bei einem späteren Verkauf das investierte Geld zurück zu erhalten. Ist das ein Modell? Ungewöhnliche Herausforderungen verlangen ungewöhnliche Maßnahmen.

Fazit

Die Stadterneuerung von Bund, Ländern und Gemeinden sowie die Programme EU und der Länder zur Dorferneuerung weisen den Weg. Viele Verwaltungen, gefangen in ihren jeweils fachlichen Logiken, tun sich schwer mit atypischen Querschnittsaufgaben, die die Zusammenarbeit über Ressortgrenzen hinweg verlangt. Dennoch gibt es Ansätze, auf denen aufgebaut werden kann. In den vergangenen Jahrzehnten haben viele Städte gelernt, dass Stadt- und Dorferneuerung keine rein bauliche Aufgabe sind, sondern dass stets auch wirtschaftliche, soziale, verkehrliche, technische und ökologische Aspekte einzubeziehen sind. Diesem Anforderungsprofil hat das Bundesbauministerium (heute BMUB) insbesondere mit seinem Programm „Soziale Stadt" entsprochen, über das Bundesmittel nicht nur für die Erneuerung von Gebäuden, sondern auch für eine breite Palette sozialer Aufgaben bereitgestellt werden. Dieses Programm wurde zwar in den 2000er Jahren stark gekürzt und war damit eines der Opfer der Politik des Sparens, aber es wurde nie beendet. Das Programm „Soziale Stadt" sollte aufgestockt und wiederbelebt werden, denn es könnte als Blaupause eines noch aufzulegenden Programms „Soziales Dorf" fungieren. Unter pragmatischen Erwägungen sind Fördermaßnahmen „Soziales Dorf", etwa im Rahmen der Dorferneuerung zu befürworten, angelehnt an das Programm „Soziale Stadt" zur Unterstützung ländlicher Gemeinden, um parallel zur Unterbringung von Flüchtlingen in Dörfern und kleinen Städten des ländlichen Raumes komplementäre Maßnahmen der Prävention sowie der aktiven Sozialarbeit zu ermöglichen und finanziell abzusichern.

Integration: Zusammenwirken von Kommunalpolitik, Verwaltung und Zivilgesellschaft 6

Unter dem Blickwinkel der Integration sind die Bedingungen in kleinen und mittleren Städten sowie im ländlichen Raum gar nicht so ungünstig. Während die soziale Infrastruktur in den Dörfern abgebaut wurde, verfügen die kleinstädtischen Unterzentren, die kreisfreien Mittelstädte und die Verwaltungen der Landkreise nach Jahren des nachgeholten Ausbaus durchaus über die erforderliche institutionelle und personelle Ausstattung, um ihren Teil des Flüchtlingszustroms zu bewältigen.

Hinsichtlich der Integration ist entscheidend, wie die Zusammenarbeit von Zivilgesellschaft und Verwaltung klappt und wie diese lokal organisiert wird. Vielerorts scheint sie im ländlichen Raum, aber auch in den Stadtquartieren mittlerer Städte besser zu funktionieren, als die zentrale top-down Rundumversorgung durch Großstadtverwaltungen, denn große Behörden tun sich – nicht zuletzt aus Kapazitätsgründen – schwer, sich zentral von oben um jedes einzelne Schicksal zu kümmern und menschliche Nähe in Gestalt persönlicher Betreuung anzubieten. Es ist eine Chance, die breite Hilfsbereitschaft, die es gerade auch in den Dörfern sowie in kleinen und mittleren Städten gibt, aktiv zu verknüpfen mit den Verwaltungen der Landkreise und kreisfreien Städte. Die Betreuung von Flüchtlingen kann sich in vielen Dörfern, kleinen Städten und Stadtquartieren auf bestehende Strukturen nachbarschaftlicher Hilfe stützen; d. h. auf persönliche Bekanntschaften und das Zusammenspiel von Kommunalpolitik, öffentlicher Verwaltung und Zivilgesellschaft.

In west- und süddeutschen Großstädten mit Ihren Ausländeranteilen von 20 bis 30 % ist das multiethnische Leben nebeneinander längst eine Selbstverständlichkeit. Dort wohnen deutschstämmige Familien, Studenten und Familien der sozialen Mittelschicht z. T. schon seit Jahrzehnten Tür an Tür mit Türken, Ex-Jugoslawen, Polen, Russen, Iranern oder Palästinensern. Zwar treffen Flüchtlinge auch in Großstädten noch immer auf Vorbehalte und teilweise auf Ablehnung, vor

© Springer Fachmedien Wiesbaden GmbH 2017
E. von Einem, *Wohnungen für Flüchtlinge*, essentials,
DOI 10.1007/978-3-658-17860-4_6

allem in den Großsiedlungen (in Berlin etwa in Marzahn, Hellersdorf und Lichtenberg). Im Gegensatz zu den Gewaltausbrüchen in den Banlieues am Rande von Paris, in Brüssel oder im Londoner Stadtteil Brixton herrscht in deutschen Großstädten (noch) eher ein verträgliches Laissez-Fair, das als Vorstufe der Integration gedeutet werden kann.

Zudem scheint Integration auch eine generationsspezifische Komponente zu besitzen. Soweit Flüchtlingskinder in Kindergärten und Schulen aufgenommen werden, integrieren sie sich schneller als ihre Eltern. Über gemeinsame Spiele übernehmen sie im Kindergarten nicht nur die deutsche Sprache, sondern lernen von anderen Kindern. In der Schule müssen Flüchtlingskinder, denen z. T. mehrere Jahre eine Schulausbildung verweigert wurde, zwar – nachdem sie jeweils individuell hinsichtlich eventueller Lerndefizite – zurückgestuft werden, wenn man ihnen sowie deutschen Jugendlichen jedoch zuhört, dann erlebt man in dieser Generation ein erstaunliches Maß an wechselseitiger Offenheit gegenüber Angekommenen mit anderen ethnischen Wurzeln. Integration kann unter Kindern und Jugendlichen vorbildhaft gelingen, nicht zuletzt auch, weil Schulen Brücken bauen und aufklärend wirken. In dieser Altersgruppe ist der freundliche, zugewandte und tolerante Umgang mit Jugendlichen aus anderen Ländern, mit den Kindern von Zugewanderten aus dem Vorderen Orient, aus dem Balkan, aus Afrika, aus Osteuropa oder Russland nicht selten bereits vorbehaltlos geübte alltägliche Praxis. Bekanntschaften und Freundschaften werden geschlossen, man spielt Fußball zusammen, feiert Geburtstage gemeinsam und wird Teil der grenzenlosen Internet Community.[1]

In der Provinz, insbesondere in vielen Dörfern Ostdeutschlands mit ihren niedrigen Flüchtlingszahlen (z. B. Mecklenburg-Vorpommern: 11.000 Flüchtlinge bei 1,6 Mio. Einwohnern) hat sich dieses Milieu des sozialen und multi-ethischen Mit- und Nebeneinanders noch nicht entwickelt. Um Abwehrhaltungen vorzubeugen und Integration zu erleichtern, sollten Flüchtlinge dennoch möglichst dezentral, kleinteilig verteilt und innerhalb Nachbarschaften untergebracht werden, sei es in überschaubaren Stadtquartieren oder in kleinen Städten und Dörfern. Integration setzt soziale Nähe voraus. Ihre künftigen Wohnungen sollten deshalb idealerweise möglichst nicht konzentriert in Enklaven oder monostrukturellen

---

[1]Umso verstörender wirken folgende Erfahrungen: In einer Schulklasse, in der mehrere jugendliche Flüchtlinge aufgenommen worden waren, entwickelten sich im Laufe weniger Wochen erste Freundschaften. Ohne Ankündigung fehlte plötzlich einer der gerade erst in die Klassengemeinschaft aufgenommenen neuen Mitschüler, weil er nachts von der Polizei abgeholt und abgeschoben worden war. Die Klassengemeinschaft reagierte mit Unverständnis und Abscheu angesichts der rücksichtslosen Methoden der Behörden.

Wohnkomplexen gelegen sein, wie dies Sicherheitspolitiker im Sinne präventiver Kontrolle gern befürworten, sondern in „normale" Wohnquartiere integriert werden, inmitten von Nachbarschaften, in denen man die Gesicherter kennt, mit Schulen, Einkaufsmöglichkeiten und Arbeitsplätzen in erreichbarer Nähe. Großsiedlungen, Enklaven, ethnisch einseitig geprägte Gettos sind zu vermeiden. Sie verhindern das Entstehen lokaler Milieus der sozialen Anerkennung.

Solange die quantitative Balance zwischen Einheimischen und Flüchtlingen in einer Gemeinde ausgewogen und stabil bleibt, sind die Bedingungen der Integration gut. Immer dann, wenn die Politik Flüchtlinge an einem Ort im Übermaß in Lagern, alten Kasernen oder Fabrikhallen konzentrieren will, ist hinhaltender, z. T. auch offener Widerstand zu erwarten. Sobald zu viele Flüchtlinge an einem Ort untergebracht werden, besteht die Gefahr, dass die zahlenmäßige Balance kippt, dass die Vorbehalte der Stammtische Oberhand gewinnen und sich Ablehnung und Angst bis zu offenem Hass und Gewalt steigern können.

Auf dezentraler Ebene ist persönliche Begegnung einfacher. Zahlreiche ehrenamtlich tätige Vor-Ort-Initiativen füllen die Lücke, die die Kommunalverwaltungen mit ihren begrenzten Ressourcen nicht besetzen können. Vielerorts ist die Hilfsbereitschaft der Kirchen, Vereine, der Feuerwehr, der Ortsvorsteher, der Bürgerinitiativen, der Volkshochschule, der IHK, der Handwerkskammer, der Job Center, aber auch einzelner Betriebe überbordend. Ohne feste Strukturen sind Initiativen der Flüchtlingshilfe entstanden, die freiwillig kostenlose Arbeit komplementär einbringen ohne die Verwaltung zu ersetzen. Diese Vereine und Institutionen sind seit dem Sommer 2015 zu unverzichtbaren Partnern der Verwaltung geworden.

Es ist sinnvoll, auch die Selbsthilfe unter den Flüchtlingen zu aktivieren. Viele junge Männer, vor allem aus Nordafrika, haben die Flucht allein gewagt. Andere, insbesondere aus Syrien, Afghanistan, Irak, Iran und Pakistan haben den langen Weg als Familien aus ihren Heimatländern nach Verkauf aller Habseligkeiten mit ihren Kindern oder aufgeteilt in kleine Gruppen bewältigt. In der Regel haben sie zu Verwandten, Bekannten und Nachbarn über Smartphones Kontakt gehalten und sich gegenseitig informiert, gewarnt, Wege aufgezeigt oder Hoffnungen gemacht. In Deutschland angekommen, versuchen viele, ihre Großfamilien wiederzufinden, möglichst in erreichbarer Nähe zueinander unterzukommen, um sich an einem Ort (gern in einer Stadt) treffen zu können, um sich zu besuchen und um neue Kontakte herzustellen. Das Netzwerk der großfamiliären Verwandten (Eltern, Großeltern, Kinder, Tanten und Onkel, Cousinen, Vettern, Schwäger und Angeheiratete) ist vielfach noch intakt und damit soziale Stütze. Großfamilien vermitteln Sicherheit und – trotz beengter Wohnverhältnisse – auch ein Stück Geborgenheit nach all den belastenden Fluchterlebnissen.

In Deutschland angekommen, benötigen viele Flüchtlinge Hilfe. Ohne das Heer an Freiwilligen, die sich vor Ort um einzelne Schicksale kümmern, die Spenden organisieren und den Ankommenden bei ihren vielen sog. kleinen Alltagsproblemen helfen, kann Integration nicht gelingen. Um sich traumatisierende Schicksale anzuhören, Verständnis zu wecken und menschliche Hilfsbereitschaft zu vermitteln, braucht es viel Zeit und persönliche Zuwendung. In diesem Sinne ist das Zusammenwirken von Politik, Verwaltung und Zivilgesellschaft auf dezentraler Ebene, z. B. von Nachbarschaften in gemischten Wohnquartieren, in Kirchengemeinden, Sport- und Ortsvereinen sowie dörflichen Gemeinschaften der wichtigste Schlüssel der Integration.

Allerdings muss das zivilgesellschaftliche Engagement politisch gewollt sein; es muss Unterstützung erfahren und Anerkennung finden. Viele Dorf- und kleinstädtischen Verwaltungen tun sich in dieser Hinsicht leichter als diejenigen der Großstädte, sofern ihnen geholfen wird, die laufenden Kosten zu tragen. Aufgabe vom Bund und Land ist es mithin, die Kommunen finanziell besser auszustatten, wie dies der Deutsche Städtetage fordert. Die Bundesregierung hat inzwischen weitere Mittel in ihrer Haushaltsplanung eingestellt.

Bekanntlich werden die Flüchtlinge zunächst den Ländern und von diesen den Städten und Landkreisen zugewiesen, die wiederum die Kommunen verpflichten, ihrerseits in ausreichender Zahl Unterkünfte bereitzustellen. Im Herbst 2015, als die Flüchtlingswelle ihren bisherigen Höhepunkt erreichte, bedeutete dies für die Kommunen eine unvorhergesehene, außergewöhnliche Herausforderung. Z. T. konnten sie zwar auf Notunterkünfte der letzten Flüchtlingswelle 1993 zurückgreifen, die Anforderungen überstiegen aber bald schon die Ressourcen. In ihrer Not, musste lokal improvisiert und nach pragmatischen Lösungen gesucht werden. In den Schlagzeilen dominierten die z. T. chaotischen Erfahrungen der Großstädte, die sich überfordert sahen, allen voran Berlin. Nachdem der Zustrom neuer Flüchtlinge im Frühjahr 2016 abrupt nachließ, kann zusammenfassend gesagt werden, dass insbesondere kleine und mittlerer Städte und Landkreise keineswegs unter dem plötzlichen Handlungsdruck zusammenbrachen, sondern sehr wohl in der Lage waren, in ausreichender Zahl vorübergehend erforderliche Notunterkünfte bereitzustellen. Sporthallen können an die Vereine zurückgegeben werden. Ihre Einrichtungen werden demontiert, renoviert und eingelagert, um im Fall einer neuen Flüchtlingswelle besser vorbereitet zu sein.

Übrig aber bleibt aber das Problem, für anerkannte und geduldete Flüchtlinge dauerhaft nutzbaren Wohnraum und Konditionen zu akquirieren, d. h. Wohnungen, deren Mieten den Fördersätzen von HARTZ IV Empfängern entsprechen. Hier zeigen sich – gnadenlos – die Engpässe regionaler Wohnungsmärkte, die – wie oben geschildert – vor allem in den Großstädten und in einigen Universitätsstädten kurzfristig nicht durch neue Sozialbauwohnungen auflösbar sind.

Wo Bürgermeister oder Landräte in den vergangenen Monaten Aufrufe an ihre Bürger richteten, freie Wohnungen zu melden und Nachbarn anzusprechen, ob sie bereit seien, Flüchtlinge aufzunehmen, meldeten sich – wie Berichte von Flüchtlingsinitiativen aus eher strukturschwachen Städten und Regionen belegen – zumindest einige, die von leer stehenden Häusern oder Wohnungen wussten oder die selbst eine Gästewohnung unter dem Dach, eine separate Einliegerwohnung oder eine nur noch als Abstellraum genutzte Souterrainwohnung anzubieten in der Lage waren. Viele Freiwillige möchten den neu Angekommenen helfen –auch bei der Wohnungssuche, brauchen aber Anleitung und finanzielle Unterstützung seitens der Kommunalverwaltung, um zu erfahren, wie sie sich am besten im großen Räderwerk nützlich machen können. Ohne dass es eigener Organisationen bedarf, entwickeln sich durch das Zusammenspiel ehrenamtlicher Helfer, örtlicher Vereine, der Feuerwehr und der Kirchen mit der kommunalen Verwaltung „Netzwerke auf Zuruf", die ankommenden Flüchtlingen Wohnungen zur Dauernutzung, Spenden, Betreuung und persönliche Zuwendung vermitteln.

Aufgrund überschaubarer Dimensionen und persönlicher Kontakte zwischen den Kirchen, den Vereinen, den Schulen, den Arbeitsagenturen, den sozialen Diensten und den örtlichen Behörden sind belastbare Netze gegenseitiger freiwilliger Hilfe entstanden, die Flüchtlingen das Gefühl des Willkommenseins und der Akzeptanz vermitteln. Die Behörden der kreisfreien Städte sowie der Landkreise stellen die Basisversorgung sicher, während sich viele Bewohner aufgerufen fühlen, in ihrer Gemeinde gebrauchte Fahrräder, Möbel, Teppiche, Werkzeug, Kleidung und Stoffe zu spenden. Freiwillige Helfer begleiten Flüchtlinge auf Behördengängen oder bei Arztbesuchen; die Kirchen öffnen ihre Gemeindehäuser und laden Flüchtlinge in ihre Gemeinden ein; Sportvereine freuen sich über neue Mitspieler und in den Schulen werden neue Schüler aus anderen Kontinenten bereitwillig in Willkommens- oder Förderklassen integriert. Auf dem Schulhof entstehen Freundschaften unter Kindern und Jugendlichen.

Flankierend erklären sich Volkshochschulen, manchmal auch einzelne pensionierte Lehrer/innen bereit, Sprachkurse anzubieten. Auch die Kindergärten werden eingebunden, um Flüchtlingskinder aufzunehmen, Ärzte behandeln Hilfe suchende Kranke ohne Krankenschein, Sozialämter stellen gespendete Möbel kostenlos zur Verfügung. Bei der Arbeitsagentur und der IHK melden sich Betriebe, die Praktika und Lehrstellen anbieten oder Saisonkräfte benötigen. Pfarrer heißen Flüchtlinge von der Kanzel herab willkommen, während Nachbarn spenden, was sie auf dem Dachböden oder in Kellern nutzlos verwahren, den neu zugezogenen Flüchtlingen aber fehlt: Winterkleidung, Schuhe, Möbel, alte Kühlschränke, gebrauchte Fernseher, Staubsauger und Küchengeräte sowie – ganz besonders wichtig – Fahrräder, Werkzeug und Nähmaschinen, damit sich Flüchtlinge frei bewegen, sich selbst einrichten und sich Kleidung schneidern können.

Es gibt Beispiele von Dörfern, z. B. in Nordhessen, in denen sich erkennbar eine Aufbruchsstimmung abzeichnet. Alteingesessene, oft Ältere, mit und ohne Beschäftigung zeigen sich motiviert und erleben ihr Engagement für Flüchtlinge als sinnvolle Aufgabe und Bereicherung ihres eigenen Lebens. Die freiwillige Feuerwehr schaut regelmäßig vorbei; die Gemeinden stellen ihre Räume zur Verfügung, vor allem aber entwickeln sich rund um die Kirchgemeinden (Gemeindekirchenrat) Initiativen tatkräftiger Unterstützung mit dem Ziel, dass Einheimische und Zugewanderte miteinander Bekanntschaft schließen, um Flüchtlinge bei Behördengängen zu begleiten, um Kochrezepte auszutauschen, um gemeinsam zu grillen oder sich beim Osterfeuer oder Dorffest zu treffen, um Sprachkurse aus der Taufe zu heben, um Fahrdienste z. B. zum Supermarkt zu übernehmen oder ein fieberndes Kind und ihre besorgte Mutter zum Krankenhaus zu begleiten. Landräte und Bürgermeister haben erkannt, dass sie ohne zivilgesellschaftliche freiwillige Helfer die Herausforderungen der Betreuung und Integration nicht leisten können und umgekehrt bereichern die neuen Aufgaben praktischer Hilfe das Leben der Bewohner im Sinne einer Sinnstiftung. Über die Flüchtlingshilfe kommen sie auch untereinander ins Gespräch, eine Erfahrung, die sie aus der Isolation des Alleinseins befreit, weg vom passiven Fernsehkonsum, hin zu einer aktiven Rolle in der Nachbarschaft.

Natürlich gibt es auch skeptische Gegenstimmen und Vorbehalte, aber solange die Willkommensgesten das dörfliche Klima bestimmen, bleiben sie eine schweigende, gelegentlich grummelnde Minderheit. In anderen Worten: Die freiwilligen Helfer leisten nebenbei auch einen unschätzbaren Beitrag, damit das lokale Klima nicht in Richtung Fremdenfeindlichkeit kippt, eine begrüßenswerte Folgewirkung der vielen unentgeltlich aufgewandten Stunden, die umso wichtiger wird, je mehr Integration auf persönliche Zuwendung und Vertrauen angewiesen ist, eine Basis, die durch die Anschläge von Paris, Brüssel, Nizza, Köln, Würzburg, Ansbach und Berlin untergraben wird, die unabweisbar Angst verbreitet haben.

Die verstörenden Bilder dieser Attentate erreichen auch die Flüchtlinge, die diese untereinander besprechen. Sie hinterlassen Spuren. In Gesprächen wird deutlich, dass sie kollektiven Verdächtigungen vorbeugen möchten. Unter denen, die glücklich sind, endlich einen sicheren Ort gefunden zu haben, an dem sie die Chance haben, anzukommen verbreiten sich Schuldgefühle. Sie reagieren, indem sie versichern möchten: „Wir Flüchtlinge möchten leben wie ihr Deutschen. Wir möchten nicht von Euren Almosen leben, wir möchten arbeiten, Steuern zahlen wie ganz normale Bürger des Gastlandes". Sie möchten etwas zurückgeben und tun dies z. B., indem sie ihre Helfer zum Essen einladen, für sie kochen und ihnen ihre Art, Feste zu feiern, erläutern.

Können Flüchtlinge in diesem Sinne nicht als Chance für Dörfer sowie kleine und mittlere Städte gelten, die seit Jahrzehnten unter Bevölkerungsverlusten leiden? Seit Jahren nimmt es die Politik hin, dass sich großstadtferne Dörfer und kleine Städte des ländlichen Raumes entleeren, dass Betriebe schließen oder abwandern, dass alte Menschen zurückbleiben und die soziale Infrastruktur wegen abnehmender Bevölkerungszahlen abgebaut wird. Einzelne Kommunalpolitiker (z. B. Friedland/Mecklenburg-Vorpommern), die über Jahre die Abwanderung junger Leute aus ihren Kommunen ohnmächtig erlebten, freuen sich über Zuzug und haben damit begonnen, die Aufnahme von Flüchtlingen als Zugewinn anzusehen, um die Landflucht zu stoppen (SZ v. 26./27.03.2016).

Fazit

Die Einbeziehung der Dörfer sowie der schrumpfenden kleinen und mittleren, strukturschwachen Städte mit ihren Kirchgemeinden und Vereinen in die Strategien zur Integration und zur wohnungspolitischen Bewältigung der Flüchtlingswelle ist letztlich unvermeidbar. Sie sollte jedoch nicht kaltherzig in Form von Abschiebungen in die Provinz umgesetzt werden, sondern zusammen mit begleitenden Maßnahmen der Arbeitsmarktpolitik und der sozialen Betreuung und Integration anlaufen. Das Programm „Soziale Stadt", mit dem in städtischen Quartieren positiv bewertete soziale Projekte angestoßen wurden, könnte als Vorbild dienen, um die kleinen und mittleren Städte sowie die Kommunen des ländlichen Raumes in die Lage zu versetzen, Beratungs- und Betreuungskapazitäten sowie Initiativen gegen Rassismus im Sinne des Quartiersmanagements ins Leben rufen zu können, ohne die Strategien zur Integration von Flüchtlingen nicht auf eine tragfähige Basis zu stellen sind.

Um Flüchtlinge schnell unterzubringen und Ihre Integration zu erleichtern, verbleibt nur die zu nutzende Chance: Flüchtlinge sollten schnell in leer stehenden Wohnungen einziehen und zwar dort, wo es diese derzeit noch in ausreichender Zahl gibt. Dass dies ohne Zwang und ohne sie neuen Gefahren auszusetzen geschehen sollte, bedarf eigentlich keiner näheren Begründung; d. h. es reicht nicht, wenn die Bundesregierung eine Residenzpflicht beschließt, die von den Flüchtlingen als freiheitseinschränkende Auflage empfunden und leicht unterwandert wird, sobald sie polizeiliche Kontrollen nach sich ziehen. Vielmehr müssen die Länder und vor allem die Bürgermeister und Landräte mit ihren Verwaltungen eine vierfache Aufgabe meistern:

a) Sie müssen in den Kommunen genügend leere Wohnungen zu erschwinglichen Mieten aktivieren, was kurzfristig die Instandsetzung heruntergekommener, z. T. seit Jahren leer stehender Gebäude verlangt;

b) sie müssen örtliche Unternehmen und die örtlichen Agenturen für Arbeit ermutigen, Arbeitsplätze sowie Lehrstellen anzubieten und dafür Fördermittel erschließen;

c) sie müssen präventive sozialpolitische Maßnahmen (Programm Soziale Stadt, Soziales Dorf) ins Leben zu rufen und

d) sie müssen die Organisationen und freiwilligen Helfer der Zivilgesellschaft einbinden und unterstützen.

Dies ist – ohne Übertreibung – eine kommunalpolitische Megaaufgabe, die weit über die klassischen kommunalen Aufgaben mit ihren eingespielten Verwaltungsabläufen hinausgeht. Von den Bürgermeistern und Landräten wird eigeninitiatives, ressortübergreifendes Management, statt administratives Handeln auf Anweisung oder Antrag verlangt. Solange zum einen die Innenminister auf Verbote setzen und die Arbeitsagenturen mit Kürzungen hinsichtlich der Auszahlung finanzieller Unterstützungen drohen, solange die Finanzminister zum anderen bremsen, indem sie auf den Markt verweisen, dürfte die Integration Stückwerk bleiben. Leider wird noch nicht überall erkannt, dass die Unterbringung von Flüchtlingen auch eine Chance bedeutet, mittlere und kleine Städte sowie Dörfer zu stabilisieren, die mit der Dynamik der wachsenden Dienstleistungszentren nicht mithalten können.

Was Sie aus diesem *essential* mitnehmen können

- Es kommt darauf an, bleibeberechtigte Flüchtlinge möglichst schnell in bezahlbaren Wohnungen sicher unterzubringen. Erst wenn diese Aufgabe gemeistert ist, kann Integration beginnen.
- Hilfreich sind dezentrale Lösungen in Städten, aber auch auf dem Lande, die das Zusammenwirken von Behörden und Zivilgesellschaft erleichtern.

© Springer Fachmedien Wiesbaden GmbH 2017
E. von Einem, *Wohnungen für Flüchtlinge*, essentials,
DOI 10.1007/978-3-658-17860-4

Literatur

BAMF (2016): Bundesamt für Migration und Flüchtlinge, Migrationsbericht 2015

BBSR (2016): Bundesinstitut für Bau-, Stadt und Raumforschung, Wohnungsleerstand 2014 und offene Arbeitsstellen Okt. 2015, Bonn

Bundesministerium für Umwelt, Naturschutz, Bau und Reaktorsicherheit, 2015, Bündnis für bezahlbares Wohnen und Bauen, Berlin

DIW (2015): Integration von Flüchtlingen – eine langfristig lohnende Investition, in: DIW Wochenbericht Nr. 45/2015

Paritätischer Wohlfahrtsverband (2016), Armutsbericht 2016, Berlin

Pfeffer-Hoffmann, Christian, Hg. (2016): Fachkräftesicherung durch Integration zuwandernder Fachkräfte aus dem EU-Binnenmarkt (minor, Projektkontor für Bildung und Forschung), Berlin

Pestel Institut (2001): Wohnungsbau in Ostdeutschland, Hannover

Pestel Institut (2015a): Deutschland braucht 400.000 neue Wohnungen pro Jahr, Pressemitteilung v. 5. 11. 2015, Hannover

Pestel Institut (2015b): Kurzstudie, Modellrechnungen zu den langfristigen Kosten und Einsparungen eines Neustarts des sozialen Wohnungsbaus sowie Einschätzung des aktuellen und mittelfristigen Wohnungsbedarfs, Hannover

Spiegel-online 16. 10. 2016

Statistisches Bundesamt (2015): Wohnungsbaustatistik, Wiesbaden

Süddeutsche Zeitung v. 26/27. 3. 2016

Süddeutsche Zeitung v. 17. 5. 2016

von Einem, Eberhard (2016): Wohnen – Markt in Schieflage – Politik in Not, Wiesbaden

Walberg, Dietmar (2015): (Arbeitsgemeinschaft zeitgemäßes Bauen e. V.), Kostentreiber für den Wohnungsbau, Kiel

© Springer Fachmedien Wiesbaden GmbH 2017
E. von Einem, *Wohnungen für Flüchtlinge,* essentials,
DOI 10.1007/978-3-658-17860-4

Lesen Sie hier weiter

Eberhard von Einem (Hrsg.)

Wohnen
Markt in Schieflage –
Politik in Not

2016, XII, 321 S.
Softcover: € 39,99
ISBN: 978-3-658-11756-6

Änderungen vorbehalten.
Erhältlich im Buchhandel oder beim Verlag.

Einfach portofrei bestellen:
leserservice@springer.com
tel +49 (0)6221 345-4301
springer.com